Heróis da Humanidade
Beethoven

Ciranda Cultural

Dados Internacionais de Catalogação na Publicação (CIP) de acordo com ISBD

```
B921b   Buchweitz, Donaldo
            Beethoven / Donaldo Buchweitz; ilustrado por Eduardo Vetillo - Jandira, SP: Ciranda
        Cultural, 2022.
            24 p.: il.; 25,00 cm x 25,00 cm - (Heróis da humanidade – edição bilíngue)

            ISBN: 978-65-261-0012-7

            1. Literatura infantojuvenil. 2. Gênio. 3. Música. 4. Herói. 5. Biografia. 6. Bilíngue.
        7. Inglês. I. Vetillo, Eduardo. II. Título. III. Série.

                                                                                CDD   028.5
2022-0584                                                                       CDU   82-93
```

Elaborado por Lucio Feitosa - CRB-8/8803
Índice para catálogo sistemático:
1. Literatura infantojuvenil 028.5
2. Literatura infantojuvenil 82-93

© 2022 Ciranda Cultural Editora e Distribuidora Ltda.
Produção: Ciranda Cultural
Texto @ Donaldo Buchweitz
Ilustrações: Eduardo Vetillo
Preparação de texto: Karina Barbosa dos Santos
Revisão: Maitê Ribeiro e Lígia Arata Barros
Versão e narração em inglês: Melissa Mann

1ª Edição em 2022
www.cirandacultural.com.br

Todos os direitos reservados. Nenhuma parte desta publicação pode ser reproduzida, arquivada em sistema de busca ou transmitida por qualquer meio, seja ele eletrônico, fotocópia, gravação ou outros, sem prévia autorização do detentor dos direitos, e não pode circular encadernada ou encapada de maneira distinta daquela em que foi publicada, ou sem que as mesmas condições sejam impostas aos compradores subsequentes.

Heróis da Humanidade
Beethoven

Ouça a narração em inglês:

Ludwig van Beethoven nasceu na cidade de Bonn, às margens do rio Reno, na Alemanha, em dezembro de 1770. Seu avô e seu pai eram cantores, e ele começou a estudar música com apenas 4 anos.

Ludwig van Beethoven was born in Bonn, Germany, a city on the banks of the Rhine River, in 1770. His father and grandfather were singers, and he began studying music when he was just four years old.

No começo, seu pai aproveitava as horas de folga para lhe ensinar piano e violino. Beethoven praticava todos os dias. Na escola, ele aprendeu a ler e a escrever. Naquela época, o latim era um idioma obrigatório para todas as crianças.

When Beethoven was first starting out, his father would spend his free time teaching his son piano and violin. Beethoven practiced every day. In school he learned to read and write. Back then all children had to learn Latin.

Aos 13 anos, Beethoven parou de estudar e começou a tocar para ajudar no sustento da família. Sua primeira apresentação em público foi aos 8 anos, e todos puderam admirar seu talento. Aos 16 anos, mudou-se para Viena, na Áustria. Lá, conheceu Mozart e teve aulas de composição com ele.

Beethoven stopped studying at 13 and started playing piano to help support his family. He gave his first public recital when he was just eight years old, and everyone recognized how talented he was. At 16 he moved to Vienna, Austria. There he met Mozart, who taught him musical composition.

Em pouco tempo, Beethoven se tornou conhecido. Um de seus ouvintes disse que era nos movimentos lentos que ele encantava a todos; ele tinha uma maneira diferente de tocar. Aos 30 anos, começou a perder a audição e precisou de um piano construído especialmente para ele, para que as vibrações ficassem mais altas e ele pudesse sentir o som das notas musicais.

Beethoven soon became famous. One of his listeners said that it was through the slow movements of his music that Beethoven enchanted his audience; he had a unique way of playing. He began to lose his hearing when he was 30 and needed a custom-built piano with more powerful vibrations so he could feel the sound of each note.

Apesar da dificuldade, ele não desistiu. Continuou compondo belas músicas, enquanto caminhava pelos campos. Ano após ano, escreveu sinfonias e concertos, sonatas, canções, peças para coral e música de câmara. Mas seus ouvidos foram se fechando para os sons, até que nem mesmo os barulhos mais altos conseguiam penetrá-los.

Despite his difficulties, he did not give up. He continued composing beautiful music while walking through the fields. Year after year he composed symphonies and concerts, sonatas, songs, choral works and chamber music. But his hearing continued to decline to the point that not even the loudest sounds came through.

No inverno de 1805, após a morte do irmão Karl, ele recebeu a tutela do sobrinho, um garoto a quem amava como se fosse seu filho. Beethoven tinha esperança de que o menino também se tornasse músico, mas ele não era talentoso como o tio.

In 1805, following the death of his brother Karl, he was given guardianship of his nephew, a boy he loved as if his own son. Beethoven hoped that his nephew would also become a musician, but the boy was not as talented as his uncle.

Em 1806, após compor o Quarteto de cordas nº 9, ele revelou o segredo que mantinha escondido de todos ao escrever no esboço a seguinte frase: "Não guarde o segredo de sua surdez nem mesmo em sua arte".

In 1806, after composing String Quartet no. 9, he revealed what he had long been keeping a secret when in a musical sketch he wrote, "Let your deafness no longer be a secret —even in art."

A partir de 1819, Beethoven criou muitas obras-primas, entre elas a Nona Sinfonia, sua obra mais famosa. Na estreia dessa sinfonia, em 1824, ele já não conseguia mais ouvir a orquestra nem a tempestade de aplausos do grande público, o que lhe causou imensa tristeza, levando-o a pensar em suicídio.

From 1819 onward, Beethoven composed many masterpieces, including his most famous work: Symphony no. 9. When the symphony premiered in 1824, he was no longer able to hear either the orchestra or the thunderous applause from the big audience, which caused him great sadness and led him to contemplate suicide.

A surdez fez com que Beethoven se tornasse uma pessoa extremamente solitária, e por isso ele fez de seu diário a sua companhia e seu confidente, no qual escrevia seus pensamentos sobre a vida e sobre o amor.

Beethoven's deafness made him extremely solitary and caused him to turn inward. His diary became his companion and confidant, and in it he would write his thoughts on life and love.

Beethoven trabalhou incansavelmente, escrevendo todas as músicas que lhe vieram à mente, para que fossem apreciadas em todo o mundo. Em 1826, ainda estava em plena atividade, planejando novas composições, mas ficou gravemente doente, acometido por pneumonia e cirrose.

Beethoven worked tirelessly, composing all of the music that came to mind so that the whole world could enjoy it. He was still working intensely and planning new pieces in 1826 when he fell gravely ill with pneumonia and cirrhosis.

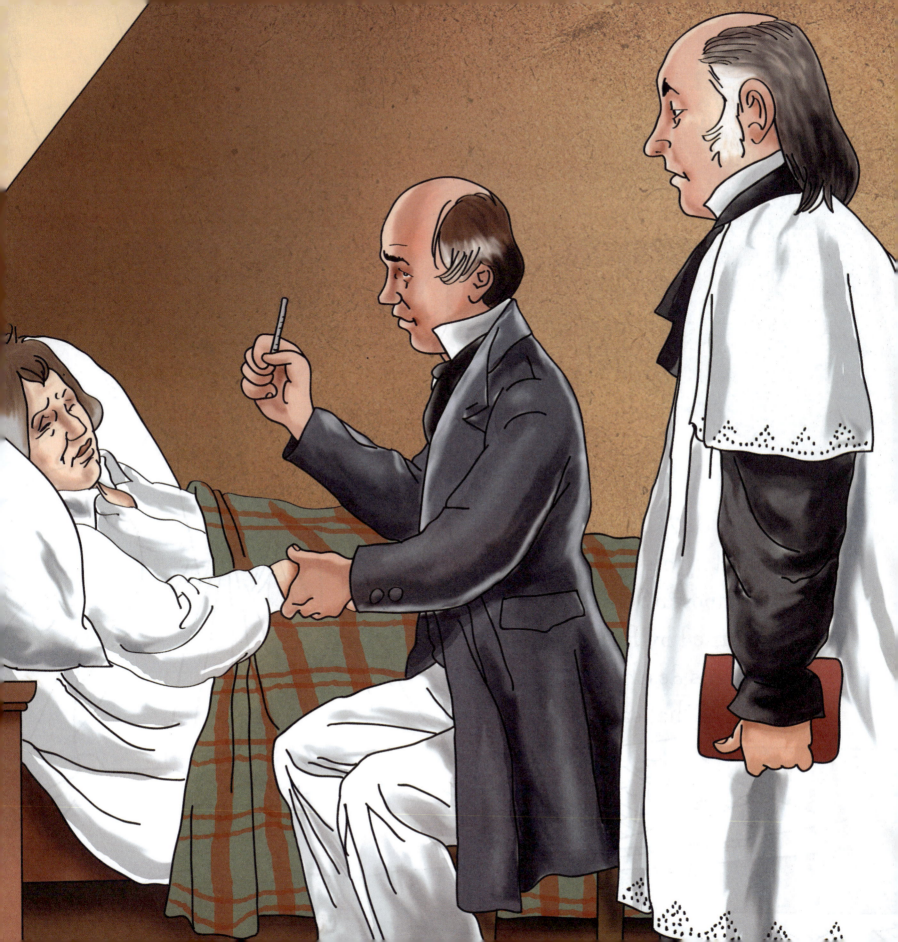